LA

CONSPIRATION DES BAZINISTES

ET

RENÉ LEVASSEUR

Durant les temps de révolution, les conspirations se succèdent avec tant de rapidité et sur tant de points différents à la fois, qu'elles finissent par dérouter l'attention des historiens et qu'elles restent le plus souvent inaperçues dans la foule des événements. Tel a été le sort de la conspiration ourdie par Jacques-Rigomer Bazin, à la fin de 1793 et au commencement de 1794 ; et quoiqu'elle ait été sur le point de mettre en feu plusieurs départements de l'Ouest, les historiens n'en ont point parlé, ou ceux qui en ont fait mention n'ont donné que des récits incomplets, erronés et propres à égarer les lecteurs (1). Ils attribuent tous le rôle principal dans cette affaire à Garnier (de Saintes); et il est certain néanmoins que ce représentant ne fut que l'instrument dont se servit le comité du Salut public poussé par René Levasseur.

Quant à René Levasseur, député du département de la Sarthe à la Convention, on sait qu'il s'est acquis une sinistre notoriété en organisant les massacres d'Angers après le passage de l'armée vendéenne, en établissant le régime de la Terreur dans le département des Ardennes, et en provoquant constamment au sein de l'assemblée les mesures les plus subversives. Quatre volumes de mémoires ont été publiés sous son nom ; c'est beaucoup pour un homme dont la carrière publique ne comprend que trois années, et qui ne fut en défini-

(1) On ne peut guère trouver le récit de la conjuration de Bazin que dans le *Dictionnaire topographique, historique et statistique du département de la Sarthe*, par Pesche, t. I, *Introduction*, p. CCCXLV — CCCLII ; mais l'exposé des faits n'est pas exact ; et quoique l'auteur fût ami de Bazin et des principaux chefs de la conjuration, il semble n'avoir pas connu les documents principaux qui concernent leur affaire.

tive qu'un acteur de troisième ou quatrième ordre dans les terribles drames qui effrayèrent alors toute l'Europe. Ces mémoires toutefois ne contiennent aucune révélation sur l'épisode que nous allons raconter; c'est dans la correspondance privée entre Levasseur et Garnier (de Saintes) que nous puiserons les éléments de notre récit. Nous devons les lettres originales de Levasseur à l'amitié d'un bibliophile du Mans (1) ; et nous croyons d'autant plus utile de les faire connaître textuellement, qu'elles offrent des renseignements sur plusieurs personnages qui ont joué un rôle important, et qu'elles peuvent être considérées comme un complément des mémoires de celui qui les a écrites.

En 1790, la ville du Mans fut violemment agitée par une petite phalange d'hommes déterminés à pousser le char de la Révolution, dût-il se heurter dans sa marche contre tout ce qui avait été le plus respecté jusqu'alors, ou plutôt parce qu'il devait renverser et broyer dans sa course tout ce qui tenait à l'ancien ordre de choses. A la tête de ce parti on reconnaissait Cyrus-Marie-Alexandre de Timbrune-Timbrone, comte de Valence, colonel du régiment de Chartres (dragons) alors en garnison au Mans; puis Levasseur, Letourneur, Philippeaux, Potier-Lamorandière, et quelques autres dont les noms se présenteront dans la suite. Le premier levier nécessaire à tous ceux qui veulent saper l'édifice social, c'est une société démagogique, c'est-à-dire un club : les chefs du mouvement au Mans en créèrent un dès l'origine.

Les idées marchaient vite à cette époque; en 1791 plusieurs des fondateurs du club, devenu société des amis de la Constitution, n'étaient plus maîtres d'en diriger l'esprit. On y agita le système du gouvernement républicain; et Philippeaux, Letourneur et quelques autres essayèrent en vain de s'y opposer. De même on y proposa l'abolition du marc d'argent contre l'avis de Levasseur, Letourneur, Philippeaux. Tant il est vrai de dire que si les hommes font les révolutions, les révolutions dévorent les hommes, et avant même d'être achevées, elles ont épuisé la génération dont elles sont l'ouvrage.

Bientôt une société rivale se forma au Mans. Celle-ci était toute composée de purs sans-culottes, et elle se réunissait dans l'église du prieuré de Saint-Victeur. La première association avait demandé, dès l'origine, à être affiliée au club des jacobins de Paris; mais, voyant les excès auxquels ces démocrates fougueux poussaient chaque jour,

(1) M. Gustave-René Esnault.

elle rompit avec eux. Alors un petit groupe d'hommes exaltés, la plupart très-jeunes, rompirent à leur tour avec leur société et allèrent se réunir aux révolutionnaires plus prononcés de la rive droite de la Sarthe. Une hostilité violente se déclara entre ces deux réunions, et l'on put craindre en plusieurs circonstances de voir les rues du Mans ensanglantées par deux factions dont chacune prétendait exclusivement au titre de patriote et de républicaine. Néanmoins un raccommodement apparent fut ménagé par Philippeaux, et les deux sociétés se réunirent. Le mal n'en fut que plus grand : les meneurs les plus avancés formèrent une société secrète qui eut ses séances et ses délibérations. Dès l'année 1791, elle arrêta le désarmement des gens suspects ; elle souleva la populace et fit chasser les dragons du régiment de Chartres qui avaient prêté main forte pour l'exécution des lois ; elle ferma les églises et fit renfermer au séminaire de la Mission, puis chasser les prêtres fidèles à leur devoir. Tous les jours, ces hommes tourmentés par le génie de l'anarchie organisaient de nouveaux désordres : ils en vinrent à dominer entièrement la société populaire, et dans deux séances terribles, dont le tableau peut rivaliser avec les grandes soirées des cordeliers et des jacobins de Paris, ils firent exclure tous les membres qui leur parurent suspects, tous ceux qui avaient quelque lien avec l'ancien ordre de choses. « Alors, comme ils s'expriment eux-mêmes, plus de prêtres, plus d'administrateurs fédéralistes, plus d'hommes de loi, plus de pédants sophistes ; » mais seulement quelques hommes se glorifiant du titre d'*enragés*, et conduisant un troupeau d'ouvriers grossiers et brutaux.

A la tête de ces anarchistes insatiables de démolitions, se trouvait un jeune homme de vingt-deux ans, Jacques Rigomer Bazin. Esprit médiocre et faux, infatué d'une suffisance ridicule, ambitionnant les postes les plus élevés et incapable d'en remplir aucun ; aveugle et cruel dans ses préjugés, il poursuivait de ses outrages et de ses accusations calomnieuses les personnages les plus vénérables, les plus intègres ; d'une plume trempée, tantôt dans la fange, et tantôt dans le sang, il écrivait des pages odieuses pour demander froidement la tête des innocents ; prêchant la liberté, et voulant réduire à la plus dure servitude des classes entières de citoyens paisibles et soumis aux lois, demandant à grands cris l'incarcération et le supplice de républicains qui avaient fait leurs preuves, mais avaient refusé de se soumettre à sa dictature. Tel était ce pamphlétaire, que dévorèrent sans cesse la haine et l'envie, qui ne goûta jamais un moment de repos, et n'en laissa pas goûter aux autres. Il s'était investi du droit de gourmander, d'insulter et d'avilir tout ce qui, dans le pays, était sage, honnête, prudent et respectable. Il agissait, dit-on, par conviction : et qui en doute? Mais la conviction même la plus sincère, même la plus désintéressée suffit-elle pour couvrir tous les forfaits ? Non ; et telle est la dignité de l'âme humaine, que celui qui se remplit l'esprit de maximes cruelles, avilissantes, despotiques, tyranniques, comme celles qui se lisent à toutes les pages dans les écrits de Bazin, commet par là même son premier crime. Nous méprisons sans doute plus profondément celui qui verse le sang par des calculs de cupidité ou de basse convoitise ; mais celui-là n'est point exempt d'une responsabilité terrible devant la société, qui travaille de tout son pouvoir à créer une génération de bourreaux en répandant des principes de haine farouche et de nivellement aveugle et sauvage.

Il serait injuste de juger par ce chef de tous ceux qui suivirent le même parti : les révolutions produisent souvent des alliances surprenantes. Quoi qu'il en soit, Bazin trouva un trop grand nombre d'esprits égarés et disposés à l'appuyer dans toutes les exagérations démagogiques. Ils commencèrent par déverser l'injure et la calomnie sur le clergé catholique, puis bientôt ils attaquèrent le clergé constitutionnel, et au bout de quelques mois, jetant de côté tous les masques, ils nièrent l'existence de Dieu, blasphémèrent la Providence, maudirent la croyance à l'immortalité de l'âme et proclamèrent le règne impérissable du matérialisme et de l'athéisme (1).

Leur haine envieuse ne se satisfaisait pas entièrement contre Dieu ; ils avaient conçu une animosité implacable contre les administrateurs du département. Ils envoyèrent à la Convention dénonciation sur dénonciation contre eux. A chaque séance du club, il y eut de nouvelles accusations contre ces magistrats : les uns avaient découvert qu'ils favorisaient l'aristocratie, parce qu'ils n'exécutaient pas les arrestations sans nombre que demandaient les *enragés ;* les autres les accusaient de vouloir faire mourir les prolétaires, de favoriser la disette, d'envoyer secrètement les blés du département aux insurgés de la Vendée (2). C'était l'odieux dans l'absurde.

(1) *Discours prononcé au temple de la Raison* (au Mans), par Marat-Cincinnatus Jourdain. — On trouve à la suite l'analyse d'une harangue analogue prononcée dans l'église cathédrale, par Michel (Régulus) Boyer. In-4°. V. aussi le *Courrier patriotique du département de la Sarthe,* rédigé par Sallé, Boyer et Simier.

(2) Il faut comparer un pamphlet rédigé par Bazin et ayant pour titre *La société populaire du Mans aux sociétés populaires de la république.* In-4° de 7 p., avec le *Procès-verbal de l'installation du département de la Sarthe, etc.* In-4° de 26 p.

Toujours à la recherche des moindres prétextes qui pouvaient servir à baser une accusation, Bazin et ses suppôts en rencontrèrent une qui secondait trop bien leur dessein, dans le voyage que firent au Mans des commissaires des départements de la Côte-d'Or, du Calvados, de l'Orne et d'Ille-et-Vilaine. Ils venaient de la part des girondins pour rattacher à leur parti les membres de l'administration départementale. Ce fut une joie pour les montagnards du Mans d'apprendre que ces commissaires avaient été bien accueillis du directoire. Il y avait là une merveilleuse occasion de perdre des ennemis. Le Mans vit son 2 juin, et peu s'en fallut qu'il ne devînt le théâtre d'un 31 octobre. Les députés du Calvados furent arrêtés et jetés en prison par ordre de la municipalité et du comité de surveillance, et sur les instances menaçantes de la société populaire. Un volontaire de Paris prétendit avoir découvert dans les cornes du chapeau d'un commissaire du Calvados, des fleurs de lys tracées avec un cordonnet blanc; c'est sous ce prétexte aussi calomnieux qu'absurde que l'on renferma les députés sous les verrous, et que l'on disposa tout pour perdre les membres du directoire. Ceux-ci se rassemblèrent durant la nuit avec les officiers municipaux, et firent rendre la liberté aux détenus. La municipalité prouva par cette seconde démarche qu'elle n'avait agi dans la première que sous l'influence de la terreur.

La société populaire envoya aussitôt une adresse à la Convention. C'était dans les premiers jours de juin, au moment où la Montagne exaltée par la victoire qu'elle venait de remporter sur les députés de la Gironde, poursuivait avec un acharnement frénétique tout ce qui lui présentait quelque ombre de fédéralisme. En dénonçant les administrateurs du département, les meneurs du club espéraient bien les voir enveloppés dans la proscription qui décima la Convention. Malgré les procédés sommaires et tyranniques de l'assemblée, l'accusation n'eut pas de suite; mais, sur la proposition de Levasseur, on déclara que la société populaire avait bien mérité de la patrie.

Encouragés par ce décret, par « cette charte d'opprobre », comme disait le président du directoire, Delahaye, les anarchistes prétendirent dicter des lois à tout le département; ils envoyaient leurs ordres aux sociétés des villes chefs-lieux de districts, et celles-ci aux sociétés des bourgs et des villages, en sorte que tout le territoire se trouva serré dans les lacets de la plus sombre tyrannie; ce système devait enchaîner la liberté de tout le monde, excepté d'un petit nombre d'intrigants visant à exercer le plus affreux despotisme tout en criant à l'affranchissement universel. Les administrateurs, fatigués de lutter sans cesse, envoyèrent leur démission à la Convention. En même temps Bazin construisait un nouvel édifice de calomnies contre les administrateurs, qu'il ne désignait plus que sous le nom d'ennemis des peuples, et il adressait une dixième dénonciation à la Convention et aux jacobins, au nom de la société populaire du Mans.

Une insurrection religieuse et royaliste ayant éclaté dans le canton de Sablé, Didier Thirion, député de la Moselle, fut envoyé en qualité de commissaire de la Convention dans le département de la Sarthe. Il fut environné à son arrivée par les sans-culottes, et se livra tout à eux. Non-seulement il destitua les administrateurs, mais il les fit arrêter, et, le 6 octobre, les dirigea sur Paris, pour être jugés par le tribunal révolutionnaire. C'était les envoyer à l'échafaud ; mais, par une mesure que nous serions heureux d'attribuer à une pensée d'humanité, il les fit retenir dans les prisons de Chartres. Cette disposition sauva la vie aux dix magistrats, dont quelques-uns ont paru depuis dans les assemblées délibérantes, comme Delahaye, Hardouin et Bardou-Boisquetin.

Tout plongé dans la débauche et la crapule la plus honteuse, Thirion avait laissé le soin d'organiser la persécution des membres du directoire à Potier-Morandière, teinturier devenu maire de la ville du Mans, et à ses satellites du comité révolutionnaire. Pour lui, il avait été porter ses orgies à Sablé, puis à Laval. Derrière Potier se cachait un homme plus habile que lui, Marat Roustel, ancien vicaire épiscopal, qui faisait mouvoir les ressorts de l'intrigue, mais sans se compromettre ouvertement.

Les membres de la société populaire se montraient fort irrités des retards apportés à l'affaire des administrateurs ; ils adressèrent de nouvelles dénonciations à la Convention : toutes demandaient le sang des prisonniers. Le 12 ventôse an II (2 mars 1794) ils envoyèrent une circulaire à toutes les sociétés populaires de la république, pour se plaindre de l'oppression qu'ils souffraient, disaient-ils, de la part des aristocrates. Puis ils rapportaient, à leur manière et à leur point de vue haineux, leurs griefs contre les administrateurs renfermés à Chartres. « Notre société, disaient-ils, devait s'attendre, *au moins*, à les voir juger *comme prévenus de complicité avec les brigands de la Vendée*, et avec les premiers suppôts de la faction Brissot (1). »

(1) Les mots en italiques sont soulignés dans l'original. Il en est de même dans les citations suivantes.

C'était Timoléon (Jacques-Rigomer) Bazin qui avait rédigé cette adresse. Il avait aussi tenu la plume pour une nouvelle dénonciation datée du 24 ventôse an II (14 mars 1794), douze jours après la précédente. L'impatience de voir le supplice des magistrats fédéralistes s'y fait jour à toutes les lignes. « Si, par un hasard que je ne prévois pas, disait Bazin, ils échappent au supplice, *je les désignerai sans cesse au peuple comme des bêtes féroces qui ont voulu boire son sang.* » La première pièce est signée par cent trente-sept membres de la société populaire, la seconde par cent cinquante-deux.

Les dénonciations de Bazin, dont nous avons cité quelques mots, donnent une idée de l'exaltation à laquelle il obéissait ainsi que tout le parti démagogique du Mans. La résolution suivante, prise dans la séance du 18 ventôse (samedi 8 mars 1794), de la société populaire, et qui se trouve consignée dans les registres et dans les journaux du temps, ne prouve pas moins clairement que ce sentiment n'était point produit par un moment de délire et sous l'impression de circonstances exceptionnelles, mais qu'il était réfléchi et permanent. « Sur les avis multipliés parvenus à la société républicaine du Mans, que quelques intrigants, couverts du masque du patriotisme, avaient conçu et manifesté le projet infâme de dissoudre la société, d'en former une qui rivalisât avec elle, et, par ce moyen, de jeter dans cette commune des ferments de discorde qui pourraient avoir les suites les plus funestes, tous les membres, simultanément et par un mouvement spontané, ont juré avec enthousiasme de poignarder le premier factieux, le premier intrigant quelconque qui oserait égarer le peuple au point de lui faire épouser toute querelle individuelle, et de demeurer inviolablement attachés à la société des jacobins et à la Montagne. »

Ni le passage de l'armée vendéenne par le Mans, ni les terribles scènes qui suivirent la déroute de l'armée catholique ne calmèrent l'animosité des bazinistes contre les magistrats prisonniers à Chartres et tous ceux qui partageaient leurs opinions relativement modérées ; seulement ils poursuivaient maintenant de leurs accusations toute la députation de la Sarthe, qui favorisait, croyaient-ils, Delahaye et ses coaccusés. Ils dénonçaient en particulier Levasseur, Boutroue, Letourneur et Philippeaux, comme traîtres à la patrie et amis secrets de la royauté.

On sait que Philippeaux avait encouru la haine la plus violente du comité de Salut public par un acte de courage qui fait honneur à son caractère. Envoyé en mission dans les départements de l'Ouest, il fut témoin de la conduite des chefs qui commandaient les troupes de a république, et, de retour à Paris, il écrivit au comité de Salut public une lettre, où il dénonçait les généraux républicains comme incapables, arrogants, et les accusait de perpétuer la guerre civile par une politique meurtrière. Momoro essaya de le réfuter. Hébert porta ce débat à la tribune des jacobins, et dénonça Philippeaux lui-même comme un conspirateur et un homme dangereux pour la république. Les accusations de Philippeaux contre Santerre, Rossignol et Ronssin étaient fondées ; c'étaient les atrocités commises ou ordonnées par ces hommes incapables et immoraux qui empêchaient la guerre civile de s'éteindre ; mais, pour vouloir trop prouver, il compromettait son témoignage. Fasciné par son imagination intempérante, il les accusait de tremper dans une conspiration ourdie par la perfide Angleterre, et il invoquait la rigueur des lois contre eux, contre le ministre de la guerre, contre leurs amis, leurs complices des jacobins et des cordeliers, de la Commune, et même du comité de Salut public. Une explosion de haines violentes s'éleva contre le député de la Sarthe, qui finit par porter sa tête sur l'échafaud, en compagnie de Danton, Lacroix, Camille Desmoulins, Bazire et autres députés et écrivains qu'on accusait de modérantisme (8 avril 1794).

Dans les premiers moments de la lutte entre Philippeaux et ses ennemis, Rigomer Bazin et ses amis n'avaient pas prévu l'issue qu'elle aurait, et s'étaient prononcés pour l'ancien avocat du Mans. Ils avaient même été jusqu'à envoyer à la Convention la pièce suivante qui devint plus tard un chef d'accusation contre eux (1).

LES SANS-CULOTTES DU MANS A LA CONVENTION NATIONALE, AU COMITÉ DE SALUT PUBLIC ET A TOUTES LES SOCIÉTÉS POPULAIRES DE LA RÉPUBLIQUE.

« Que l'intrigue et la calomnie se taisent ! La vérité va se faire entendre. Ce monstre tant de fois détruit, la Vendée, existe encore réellement ; elle se reproduit de ses cendres, et fait de nouveaux ravages dans la république. La vérité du rapport fait par Philippeaux, du 16 frimaire, au comité de Salut public, se trouve confirmée. Oui, les faits qui y sont cités, passés la plupart sous nos yeux, les autres sous ceux de nos malheureux concitoyens, sont vrais ! Mais Philippeaux eût-il erré sur quelques faits, la majorité des atrocités et des crimes

(1) Nous reproduisons cette adresse tout entière, parce que c'est une pièce très-rare. Un exemplaire a été vendu 60 fr., à la vente Lanier.

qu'il impute aux généraux n'est-elle pas avouée de tous les républicains qui ont échappé ou survécu à leur trahison ?

« L'amour-propre et l'envie de faire parler de lui eussent-ils quelque part à ses justes inculpations, si Philippeaux n'avait été jusqu'ici un républicain sans tache, ses ennemis auraient-ils attendu cette époque pour le dénoncer? Et n'est-ce pas, à bien considérer, une récrimination de leur part? S'il n'eût été franc montagnard, aurait-il dévoilé, avec cette audace républicaine qui caractérise ses écrits, toutes les turpitudes des meneurs de la guerre de la Vendée? Ne lui fallait-il pas du courage pour dire (peut-être trop publiquement) au comité de Salut public les fatales vérités que son rapport contient sur l'éternisation de cette guerre ?

« Fiers montagnards, comité de Salut public, si la France vous doit sa liberté, ouvrez donc les yeux, vous, les vrais amis du peuple, brisez, brisez tous ces généraux, reptiles d'antichambre, tyrans dans l'ivresse, et qui, à la tête des armées, n'affichent, lorsqu'ils viennent combattre pour l'égalité, qu'un luxe, qu'une arrogance, une ivrognerie et une poltronnerie révoltantes ! Que ceux qui ont le courage de vous dire la vérité soient écoutés ! Cette foule d'épaulettiers, muscadins parvenus, qui demain croupiraient dans la plus vile nullité, si la guerre finissait, et qui ne la prolongent que pour se perpétuer dans leurs places et leurs fortes pensions, ne peuvent qu'avoir surpris leurs brevets et vous en imposer.

« Jusques à quand les lâches et les malveillants abuseront-ils de votre confiance? Quand donc enfin la Vendée cessera-t-elle de ronger le sein de la patrie? Montagne, dors-tu? As-tu mis un terme à tes travaux immortels? Non, ton génie veille plus que jamais sur nos destinées ; mets fin à la guerre de la Vendée, tue le fanatisme, donne-nous la paix intérieure, détruis ces états-majors errants dans nos départements et qui épuisent nos finances, et tu feras revivre le 22 septembre et le 21 janvier ! ! ! Salut et fraternité.

« *Signé :* Guy, Delelée, Haloppé, Boyer, officier municipal, Duclos, F. Granger, Laboureau, Rechte, Rouillard, Pillard, Chanteau, Chérouvrier, Bourgeois, Cauvin, Dohin, Courcité, Bassard, Toussaint Vérité, Testarode, Rochon, Martineau, Pellassy, Monnoyer, Lefaucheux, Tell Goyet, Lemonnier, Brutus Busson, Pottier, Yver, Lebrun, Maçon, Guédon, L. Grassin, Coulon, Belin, Beaugé, F. Larcher, L. Lemaistre, Beucher, Bardou, Toutain, Morin, Lavollard, Manceau, Lassay, Lelièvre, Lebreton, Daniel, Leunfray, Corbineau, La Montagne Chevreau, Duperche, Chatillon, Chaudron, Pissot, Mautouchet, Biard, Chauvel, secrétaire général, Leboucher, Andrieux, Saniton, Fleury, Noucher, J. Messager, Mauboussin, Blot, Chauvel, A. Blanc, Loyer, Camusat, Jourdain, Besteau, Deruder, Leprince jeune, Coulombu l'aîné, P. Trouillard, Mohin, Poteau, Tournois, Rameau, Leroux, Michel Rouillard, Launay, Michel Heurtebise, notable; Bodereau, Ygnard, Cullerier, Boivin, Terrault, Foucher, Hay, Rocheteau fils, Brard, Grandville, officier municipal; Mesnard, maire de la commune; Mesnard, notable; Garnier, Juteau, Mucius Scævola Sallet, Faribault, officier municipal; Torché, Timoléon Bazin, Turbat, Duval fils, notable; Corbeau fils, Desbois, Champion, Cadouff, Léonard Rouillard, Morin, Letourneau, Toury fils, Maulny, Dufour, Michel Poteau, Dagoneau, Ducy, Simier. »

En ces jours de bouleversement universel on changeait vite d'opinion sur les hommes. Quelques jours après avoir signé l'adresse qu'on vient de lire, ceux mêmes qui l'avaient écrite et approuvée se déclaraient les ennemis les plus acharnés de Philippeaux. Bazin, auteur de ce revirement, voulut persuader à la société populaire du Mans et à toute la France que les représentants du département de la Sarthe étaient complices du commissaire national dans la Vendée, et il renouvela hautement ses vœux pour qu'ils portassent tous leur tête sur l'échafaud. Voyant que la Convention n'écoutait pas leurs adresses réitérées, et que le glaive révolutionnaire ne répondait pas à leur sauvage impatience, les membres de la faction se prirent d'une haine violente contre la Convention elle-même, et ils la représentèrent comme un corps énervé qui avait besoin d'être régénéré.

Garnier (de Saintes), représentant du peuple, en mission dans la Sarthe et dans les départements voisins, n'avait pas réussi à gagner leur confiance, malgré les mesures atroces qu'il avait prises contre les Vendéens. Ils le poursuivaient aussi de leurs attaques, comme favorisant les aristocrates et n'ayant que du mépris pour les purs sans-culottes (1). En arrivant au Mans néanmoins, ce représentant s'était empressé d'exécuter ce qu'il appelait l'épuration des autorités constituées. Pour témoigner plus hautement ses sympathies aux démocrates, il avait convoqué l'assemblée des citoyens dans le lieu des séances de la société populaire: Bazin avait été tiré d'un petit bureau du département et élevé, malgré sa jeunesse, au poste très-important

(1) Garnier favorisa, en effet, quelques membres de la noblesse; mais ce ne fut point gratuitement, il s'en faut.

d'agent national; Garnier avait été obligé d'écrire à la Convention et d'obtenir comme faveur cette dérogation à la loi (1). Tous les membres les plus influents de la société populaire, tous les chefs du parti des *enragés* avaient également reçu des positions avantageuses et auxquelles ils n'avaient pas le droit de s'attendre. Insensibles à ces faveurs de la part du représentant du peuple, ils prétendirent le tenir sous leur tutelle, diriger toutes ses opérations, surveiller toutes ses démarches, régler tous ses choix, dicter surtout ses arrêtés contre les personnes qui leur étaient suspectes ou odieuses ; et, comme le député de la Charente-Inférieure ne se montrait pas assèz docile à leur gré, ils lui déclarèrent une guerre acharnée.

René Levasseur, qui était aussi attaqué par Bazin et sa faction, saisit cette occasion d'entrer dans ces débats qui remuaient profondément la ville du Mans et tout le département de la Sarthe. Dès le 10 février 1794, il écrivit à Garnier (de Saintes) la lettre suivante :

« Paris, le 22 pluviôse, l'an II de la République une et indivisible.

« Je sais, mon cher collègue, dans quels embarras tu t'es trouvé, n'ayant pas eu le temps de connaître ceux qui t'entouraient. Si tu avais eu quelque confiance dans la députation de la Sarthe, et que tu te fusses adressé à elle, des connaissances positives des hommes t'auraient été données. Tu vas retourner au Mans, et on m'assure que l'expérience t'a déjà fait connaître quelques individus. Lebrun, qui te remettra cette lettre, m'a toujours paru un bon patriote. J'ai toujours travaillé avec lui à la municipalité pour la vente des biens nationaux, et j'en ai été extrêmement content. Il a rendu des services à la chose publique; et aujourd'hui il est mis de côté pour faire place à des hommes qui n'ont jamais eu d'autre mérite que de *crier bien haut* qu'ils étaient les meilleurs patriotes de la ville.

« Franchet, ci-devant procureur syndic du district, m'écrit pour t'engager à le tirer de l'administration le plus tôt possible, en mettant en fonction Bazin. Il me dit qu'il est excédé de fatigue et hors d'état de continuer. On ne le trouve pas assez révolutionnaire; cela peut être, mais on en trouverait difficilement un dans le département qui eût plus travaillé que lui et rendu plus de services. Je crois que du côté de l'honneur et de la probité on ne peut rien lui reprocher.

(1) Déjà Thirion avait essayé d'employer Bazin ; il l'avait nommé commissaire pour hâter la levée des jeunes gens, des volontaires ; mais les excès auxquels il se livra furent si criants qu'il fallut le révoquer. V. *Arrêté du citoyen Thirion, représentant du peuple*, daté de Sablé, le 12 octobre 1793.

« J'avais écrit à ma femme d'aller trouver Franchet et lui proposer pour réquisition un jeune cheval de cinq ans environ que l'on m'avait dit assez beau. Il n'a pas été trouvé de taille convenable. Je l'ignorais; les deux autres étaient de vieilles rosses. Il était bien naturel que je désirasse conserver ceux que j'ai fait venir du Nord. Je t'en parle, mon cher collègue, pour répondre à quelques malveillants qui ont prétendu que je voulais soustraire mes chevaux à la réquisition : oui, les deux juments et le cheval gris, mais non celui qui, sur les trois, pouvait servir, au moins je le croyais, puisque je l'ai offert. C'est trop parler d'une pareille misère. Potier, qui plaisante sur mon cheval de bataille, n'en mènera jamais un aussi près du feu, lui qui se fit inscrire pour partir un des premiers, lors de la première réquisition, et qui se cacha n'ayant pas été nommé capitaine. Ce fait s'est passé sous mes yeux et sous bien d'autres. L'esprit public au Mans a bien changé. Tu sais que les anciens et bons patriotes sont attaqués partout par des patriotes de fraîche date qui espèrent faire oublier les fondateurs de la liberté. — Salut et fraternité. — Levasseur, député de la Sarthe. ».

Trois jours seulement après cette lettre, Levasseur avait reçu de nouvelles informations; il commençait à tenir les premiers ressorts d'une intrigue dont il comptait bien se servir pour venger son amour-propre blessé au vif par Bazin, Potier et leurs suppôts; il écrivait à Garnier pour lui donner courage.

« Paris, le 25 pluviôse, l'an II de la république une et indivisible.

« J'ai reçu, mon cher collègue, plusieurs lettres du Mans dans lesquelles on me marque que la représentation nationale a été avilie par Bazin et ses adhérents. Il a dit à la tribune de la société « que nous avons assez longtemps exercé nos pouvoirs; nos mains se sont usées par sa trop longue jouissance, et nous avons oublié que l'exercice nous en avait été délégué par le peuple, et que le peuple était encore là *pour nous l'ôter*. Ah! mon cher collègue, que tu as été trompé cruellement! Tu sais l'arrêté qu'ils avaient fait prendre à ton égard. Parais au Mans, et que tous ces intrigants rentrent dans le néant. Tel est le sort que je leur ai annoncé dans l'une de mes dernières lettres à la société. Je disais, en parlant des patriotes de fraîche date, qu'ils étaient semblables à ces insectes que la chaleur fait naître, vivre et mourir dans le même jour; on ne s'aperçoit de leur existence que par leur bourdonnement importun; la fraîcheur de la nuit survient, et ils disparaissent. Ainsi rentreront dans le néant ces patriotes qui se cachaient au commencement de la révolution, et aujourd'hui parlent si haut. Cette idée a été fort mal reçue, plusieurs s'en sont fait l'application et ont montré beaucoup d'humeur. Les bons patriotes gémissent et t'attendent avec empressement. Rien n'est plus pressé que ce voyage; ceux que tu as revêtus de pouvoirs en abusent; c'est à toi à les remettre à leur place, et avant qu'ils aient pu faire beaucoup de mal. — Dis à Tristan que je ne l'ai pas oublié. — Salut et fraternité. — LEVASSEUR. »

Le 1er mars Garnier n'était pas encore revenu au Mans, mais il allait y reparaître, et Levasseur s'était concerté avec les membres de la députation de la Sarthe, pour lui tracer la marche à suivre. La faction qu'il désigne dans sa lettre sous le nom d'intrigants est celle de Bazin: on les appela d'abord *enragés*, puis *anarchistes;* et le vocable adopté à cette dernière époque était celui d'*intrigants*. Le chef se plaignait de ce nom dans la circulaire à toutes les sociétés populaires de la république, datée du 2 février. Voici la lettre de Levasseur à Garnier.

« Paris, le 11 ventôse, l'an II de la république une et indivisible.

« L'affaire du Mans, mon cher collègue, est très-délicate, et demande toute ta prudence et ta fermeté. Tu as affaire à des hommes profondément pervers. Ils se présenteront comme des patriotes persécutés pour avoir dénoncé et poursuivi des administrateurs fédéralistes: ils croient par là avoir une sauvegarde et pouvoir impunément faire tout le mal possible. Leur conduite à l'égard de Thirion prouve que leur impudence n'a point de bornes. Tous ceux qui craignent la révision des nominations se sont réunis à eux: ils ont séduit beaucoup de citoyens, qui font un parti assez puissant. Tout ce qui sera fait publiquement sera décidé par eux. Certes ce ne sera pas le vœu du peuple. Nous en avons parlé entre nous de la députation, et nous croyons que tu dois commencer par faire conduire au Mans les administrateurs détenus, et, dans une séance publique, tu donneras lecture de notre lettre; tu donneras la parole à leurs dénonciateurs, et ils répondront. Si la majorité est pour eux, tu peux leur rendre la liberté; dans le cas contraire, ils restent en état d'arrestation. En menant cette conduite, les meneurs ne peuvent t'accuser de favoriser des fédéralistes. Cette affaire finie, tu t'occuperas des intrigants. Dans cette affaire, il y a une autre marche à suivre: d'abord recevoir des déclarations signées ou dépositions verbales de ceux qui ont entendu Bazin et autres tenir des propos tendant à l'avilissement de la représentation nationale et à sa dissolution ; ce qui est un crime capital. S'assurer des faits relatifs à Potier ; tu en as la note.

« Il a existé un complot de persécuter les patriotes ; cela est si vrai, que plusieurs de ceux qui ont été déplacés ont eu des certificats de civisme. Les auteurs de ce complot ne peuvent-ils pas être traités comme désorganisateurs ? Viennent les calomnies de Goyet contre Lebrun et plusieurs membres de la députation, qu'il a accusés à la société de s'être opposés à ce que le département eût des grains. Sur Lebrun on a crié *à la guillotine*. Il a provoqué le meurtre d'un bon citoyen. Une fois que tu auras acquis toutes ces preuves, tu peux mettre en état d'arrestation les meneurs : ce coup en impose à leurs partisans ; et les bons citoyens, que la crainte retenait, relèvent la tête et osent parler. Les preuves se multiplieront. Publiquement, tu exposeras la conduite de ces meneurs, leur ambition, leur mauvaise foi, leur tyrannie, etc. Tu feras sentir au peuple que, si la constitution lui donne le droit de se réunir en société populaire, ce n'est pas pour y calomnier impunément et provoquer au meurtre de bons citoyens. Si tu le juges à propos, tu peux consulter le peuple et accorder la parole à ceux qui voudront parler pour ou contre les meneurs détenus, et ensuite dans une autre séance les entendre publiquement ; ce qui peut-être ne serait pas nécessaire, si tu as des preuves suffisantes : la prudence ne le permettrait peut-être pas. Voilà, mon cher collègue, les réflexions que nous a inspirées notre attachement à la chose publique, et que ton amitié pour nous te fera bien recevoir.

« Informe-toi aussi si la société du Mans est du nombre de celles qui n'ont pas rendu compte à la commission des subsistances pour la loi du *Maximum*. Tu auras une bonne occasion de leur reprocher de passer leur temps à intriguer et calomnier plutôt que servir la patrie.

« Notre collègue François a donné des ordres pour que mon cheval me fût rendu ; il y a eu un malentendu : il est dans les écuries du département, et on attend un mot de toi pour qu'il me soit rendu. Écris à Lafaverie, président du district : il le fera conduire chez moi. Déjà une de mes juments, toujours en réquisition, est morte de fatigue ; l'autre pourrait avoir le même sort. Mon cheval travaillera, et remarque bien que c'est pour aller chercher des grains pour mes concitoyens. — Salut et fraternité. — Levasseur. »

Une joie féroce fit battre le cœur du représentant, lorsqu'on lui annonça du Mans une pièce capable de convaincre tous ses adversaires de complots contre-révolutionnaires. Avec quelle jouissance il annonce cette découverte à Garnier, et comme il le presse de se rendre au Mans !

« Paris, le 16 nivôse, l'an II de la république une et indivisible.

« La société du Mans, mon cher collègue, a fait une adresse à la Convention en faveur de Philippeaux ; mais à la réception d'un numéro du *Père Duchêne*, ils ont arrêté que cette adresse ne serait pas envoyée. J'en ai vu un exemplaire dont je ferai bon usage. A présent tu peux traiter les meneurs comme ils le méritent : ce ne sont plus des patriotes persécutés ; ce sont des philippotins. Qui prendra leur défense? Ils ont signé l'adresse. Un beau coup que tu as à faire, c'est de mettre la main sur la minute : Monnoyer est prévenu que s'il n'a pas conservé la minute, il est perdu. A ton arrivée, tu peux te procurer des exemplaires de l'imprimé et ordonner à Monnoyer de représenter l'original. C'est une prise intéressante. On travaille à l'acte d'accusation contre Philippeaux et compagnie : au premier jour il sera présenté à la Convention. L'adresse de la société du Mans est perfide et, prends-y bien garde, contre-révolutionnaire. Quand les meneurs n'auraient que ce seul reproche à se faire, ils seraient bien coupables.

« Pourquoi Bazin, qui n'avait pas vingt-cinq ans lors de la première réquisition, n'est-il pas parti ?

« Adieu, mon cher collègue, les bons patriotes du Mans t'attendent comme les Juifs attendaient le *Messie.* — Salut et fraternité. — LEVASSEUR, de la Sarthe. »

« Bazin a fait nommer apothicaire de l'hôpital du Mans son frère, ci-devant aristocrate ; cette place convenait mieux à Joseph Poilpré, qui a été blessé à l'armée du Nord, bon républicain et très-instruit dans son état. Je te prie, mon cher collègue, de ne pas l'oublier. Tu le verras au Mans. »

La société populaire avait compris le péril où la jetait la pièce accusatrice ; aussi disait-elle dans sa profession de foi adressée à toutes les assemblées jacobines de la république : « S'il existait parmi nous des hommes attachés à l'individu nommé Philippeaux, au point de soutenir ses opinions aveuglément et sans examen, nous les dénoncerions aux amis de l'égalité comme des esclaves, et aux gens sensés comme des échappés des petites maisons. » Évidemment, en écrivant cette phrase, Bazin était embarrassé ; il avait devant lui un article du *Père Duchêne* qui pouvait facilement se transformer en un acte d'accusation capitale, ainsi qu'il le voyait tous les jours. Hébert avait eu connaissance de l'adresse que nous avons reproduite, et il l'avait dénoncée dans son journal avec les emportements qui lui étaient habituels.

Cependant Garnier n'obéissait point à l'impatience de son collègue, et tardait de se rendre au Mans. Levasseur se montre presque disposé à faire retomber sur lui la responsabilité des troubles qui avaient éclaté dans cette ville. Il fallait d'ailleurs profiter de la circonstance où l'esprit public, les comités, la Convention étaient surexcités par les procès des dantonistes et des hébertistes. Levasseur écrit donc à Garnier, en date du 17 mars, et il continue à lui tracer une ligne de conduite.

« Paris, le 27 ventôse, l'an II de la république une et indivisible.

LEVASSEUR, REPRÉSENTANT DU PEUPLE, AU CITOYEN GARNIER, DE SAINTES, SON COLLÈGUE.

« Les événements qui se sont passés à Paris depuis quelques jours, t'auront aussi surpris qu'indigné : à peine une faction est-elle détruite, qu'une autre s'élève.

« Tu es instruit, mon cher collègue, de ce qui se passe au Mans. Les intrigants de cette ville vont redoubler d'audace. Depuis longtemps ils seraient rentrés dans le néant, si tu n'avais pas tant différé d'y aller. Tu sais que Renvazé et Troguin, que je connais pour deux bons patriotes, ont été mis en prison par ces scélérats qu'ils avaient voulu démasquer. La tranquillité publique a été troublée, et on m'en faisait craindre les suites.

« Hier au soir je suis allé au comité de Salut public, que j'ai informé de ce qui se passait au Mans. Je leur ai présenté une copie de la dénonciation ci-jointe. Billaud de Varennes m'a chargé de te la faire passer et de te dire de te rendre au Mans toutes affaires cessantes, afin de vérifier les faits portés dans la dénonciation, et faire traduire les coupables au tribunal révolutionnaire. Robespierre, à qui j'en parlais il y a deux jours, est étonné de ce que leur tête n'est pas déjà tombée. J'ai des lettres qui m'affirment les faits portés dans la dénonciation : j'avais assez de preuves pour les traduire au tribunal révolutionnaire ;

mais Billaud de Varennes regarde ces intrigants comme des conspirateurs ; il croit qu'un représentant du peuple donnera plus d'eclat à cette affaire ; il a vu qu'ils s'attachaient à tous les partis et ne tendaient qu'à un seul but, l'avilissement de la représentation nationale. Compare leur conduite avec le rapport et le décret (dernier) de Saint-Just : tu les trouveras coupables de corruption des citoyens, de subversion des pouvoirs et de l'esprit public ; d'avoir excité des inquiétudes à dessein d'empêcher l'arrivage des denrées à Paris (ils l'ont dit bloqué). Ils ont porté atteinte à la dignité de la Convention, directement et indirectement ; les propos qu'ils ont tenus publiquement le prouvent, etc.

« Il ne faut point entrer en lice avec ces intrigants, mais recevoir par écrit des déclarations signées sur tous les faits, et les faire arrêter. Tu n'en manqueras pas.

« Ce n'est point comme Philippotins qu'il faut les poursuivre ; mais comme diffamateurs et contre-révolutionnaires.

« Tu ferais bien de laisser tous les administrateurs en état d'arrestation ; vérifier sur les lieux les faits qui leur sont imputés, et laisser le comité du Salut général et du Salut public prononcer.

« La conspiration d'Hébert et autres ne les excuse point. Tous les faits à leur charge sont antérieurs à cette découverte, et comme Robespierre et Saint-Just l'ont dit, chacun conspire à sa manière. Il n'en est pas moins vrai qu'il a existé une faction pour détruire les comités de Salut public, de sûreté générale, et cette faction était dirigée par Fabre d'Églantine, qui voulait se sauver et ses complices.

« Tu m'as invité, mon cher collègue, par ta dernière, à te faire part de tous les faits qui parviendraient à ma connaissance ; ceux qui m'ont écrit te répéteront les mêmes choses qu'à moi. Interroge Fréart, Roustel, Rouillard, Lepaveur, Renvasé, Troguin, etc., et tu auras les preuves de *l'avilissement des représentants du peuple, de subversion de l'esprit public, d'inquiétudes capables d'empêcher l'arrivage des denrées à Paris.* Tu vois par les discours de Saint-Just et de Robespierre combien ils ont à cœur de punir ceux qui veulent diffamer la Convention et avilir la représentation nationale.

« Je t'envoie, mon cher collègue, extrait du procès-verbal de la société des jacobins ; tu verras que l'affiliation est retirée postérieurement à l'arrestation de Vincent et autres. Les jacobins n'en sont pas plus partisans de Philippeaux, ni le comité de Salut public, qui compte sur toi, comme tu peux compter sur lui.

« Une découverte bien intéressante à faire pour le bien public est de t'assurer si Philippeaux a mendié l'adresse de la société du Mans; on me l'assure. La protection de la société lui a été promise à condition qu'il abandonnerait les administrateurs. Les scellés mis chez les chefs de la faction du Mans pourraient fournir des preuves. Il est démontré qu'il a existé une faction qui voulait culbuter les comités de Salut public et de sûreté générale, le ministre et ses adjoints. Fabre d'Églantine, qui dirigeait cette faction, voulait se sauver et ses complices. Il a fallu un prétexte pour attaquer le comité de Salut public; la guerre de la Vendée l'a fourni. Aussi, après la première lettre de Philippeaux, la motion fut faite de renouveler le comité de Salut public par moitié. Fabre et ses partisans y étaient placés; Camille attaquait le comité de sûreté générale; Bourdon, le ministre et ses adjoints Fabre, une fois maître par lui et les siens des pouvoirs, on donnait à l'affaire de Chabot une autre tournure. Philippeaux, peut-être sans le savoir, a été l'instrument de cette faction : au moins est-il certain que le comité de Salut public n'a jamais été traité aussi mal que par lui. Philippeaux a-t-il poussé en avant la société ? C'est ce qu'il faut savoir.

« De la prudence avant l'action, de la fermeté pendant ; et ça ira.

« Salut et fraternité. LEVASSEUR. »

« Le comité de surveillance du Mans te donnera de bons renseignements. »

L'acte de dénonciation dont parle Levasseur se trouve sous le même pli. Il n'est point daté, ni signé, mais il est tout entier de la même main que la lettre elle-même. Le voici :

« Il existe un plan d'avilir la Convention nationale et le comité de Salut public; cette vaste conjuration, dont le foyer est à Paris, a des ramifications jusque dans les départements.

« Dans la société populaire du Mans on a dit hautement à la tribune *que la Convention était usée; que le long exercice des pouvoirs dans les mêmes mains amènerait le despotisme, qu'il était temps de remplacer la Convention.* Ces intrigants, craignant que les députés de la Convention, envoyés dans les départements comme représentants du peuple, ne déjouassent leurs complots, ont essayé de persuader au peuple que les pouvoirs délégués par la Convention à ces représentants attaquaient la souveraineté de la nation.

« Un des moyens les plus efficaces pour détruire la Convention nationale, était d'attaquer le comité de Salut public investi de toute sa confiance : aussi, lorsque le comité de Salut public annonce que les restes de la Vendée vont être détruits, ils publient hautement, dans une adresse imprimée et distribuée avec profusion, que *ce monstre* (la Vendée) n'était détruit qu'en idée, qu'il existait encore réellement. On annonçait au peuple que les brigands allaient fondre de nouveau sur la ville, que toute communication était interrompue avec Paris; et pour faire croire que les revers que nous avions éprouvés dans la Vendée étaient une suite des mesures prises par le comité de Salut public, qui avait nommé les chefs des armées, ils peignaient ces chefs sous les couleurs les plus odieuses et les plus propres à ôter aux patriotes toute confiance dans ceux qui les commandaient. C'est alors qu'ils donnent tout leur assentiment aux inculpations dirigées contre le comité de Salut public par Philippeaux, qu'ils ont ensuite abandonné et diffamé, lorsqu'ils ont vu que le peu de confiance que la Convention avait en lui le rendait peu propre à servir leurs projets.

« Après avoir essayé vainement d'égarer l'opinion publique dans la ville du Mans par ces insinuations perfides, ils ont employé les menaces et les violences pour étouffer la voix des patriotes dans la société populaire. Deux sans-culottes, qui depuis le commencement de la Révolution se sont toujours distingués parmi les plus ardents défenseurs de la liberté, sont maintenant (m'écrit-on en date du 22) incarcérés pour avoir démasqué ces traîtres, dont la conduite et les propos ont semé la division et excité une commotion qui dans ce moment trouble la tranquillité publique.

« Soit que ces attaques dirigées contre la Convention et le comité de Salut public, et ces mouvements excités dans un département privé de subsistances et voisin de la Vendée aient été payés par l'or des étrangers, soit qu'ils soient les résultats de quelque faction qui veuille anéantir la représentation nationale, il importe au bien public d'étouffer ces complots dès leur naissance ; et je dois vous les dénoncer, quels que soient les hommes qui les trament. »

Les démarches de Levasseur n'échappaient point à la faction de Bazin. Celui-ci lui écrivit une lettre remplie d'invectives et de calomnies. Elle devint une pièce de conviction contre son auteur. Le destinataire le fait pressentir dans un billet qu'il envoya à l'un de ses amis, membre du corps municipal du Mans, la veille du supplice d'Hébert et de ses dix-huit compagnons.

« Paris, le 9 germinal, l'an IIe de la République une et indivisible.

LEVASSEUR A FRÉART.

« Je te fais passer, mon ami, les compliments que m'a faits Bazin. Tu peux communiquer sa lettre à qui voudra la voir. J'en enverrai copie à Garnier avec ma réponse *en marge*. Si tu le vois avant que je lui écrive, tu lui communiqueras celle que je t'envoie.

« Ils ont été bien sots ceux qui ont pris le parti de Philippeaux : faut s'attacher aux choses et non aux hommes : les principes sont tout, et les individus rien. Tu as vu dans les journaux ce que les membres du comité de Salut public ont dit à la Convention et aux Jacobins des factions. Tu verras ce qu'ils en disent dans la proclamation au peuple. Aujourd'hui ou demain la faction antérieure sera travaillée. Elle a été pour les conspirateurs un *prétexte :* ils avaient leurs projets; la faction avait les siens. Un bon républicain s'attache à la république ; il se défie des passions : celle du bien public a un air de vérité qui la fait reconnaître. Quintidi je t'en dirai davantage.

« Salut et fraternité. LEVASSEUR, de la Sarthe. »

Le supplice des hébertistes produisit une très-vive impression dans tous les camps, mais surtout dans celui des démagogues désorganisateurs du système inauguré par les comités. Depuis cinq ans on n'avait pas vu le gouvernement l'emporter sur l'insurrection ; chaque fois qu'on en avait appelé à la force, une nouvelle révolution en était sortie; c'était donc comme un moment d'arrêt dans cette marche ascendante de la terreur. Les conspirateurs du Mans redoublaient de rage et accusaient tout le monde. Levasseur se vit dans la nécessité de produire sa défense devant Garnier, et c'est ce qu'il fit par cette lettre datée du 25 mars.

« Paris, le 5 germinal, l'an IIe de la république une et indivisible.

LEVASSEUR, REPRÉSENTANT DU PEUPLE, A SON COLLÈGUE GARNIER, DE SAINTES.

« Tu es attendu, mon cher collègue, avec bien de l'impatience au Mans. Les patriotes y sont maltraités. On m'écrit que les intrigants sont excités par un représentant du peuple que tu connais : correspondance criminelle si elle tend à l'avilissement de la représentation nationale par la calomnie. La lettre que Bazin m'a écrite a ce but.

« Il m'accuse de préventions pour Valence et Valflambert. Les bons citoyens du Mans te diront que je n'ai témoigné aucune confiance dans Valence. (Vois ma réponse à Philippeaux.)

« 1° Bazin a sollicité Lemarchand, employé au bureau de la guerre, de procurer une place à Valflambert, dont il lui fait le plus grand éloge. La société populaire du Mans, la section de la Cigogne, la municipalité ont donné à Valflambert le certificat de civisme le plus flatteur qu'on puisse obtenir. J'ai vu ces pièces; elles sont au bureau de la guerre, et copie en a été envoyée à Rennes ; je t'en ferai passer une. Si j'ai eu trop bonne idée de Valflambert, j'ai en cela été trompé par Bazin, la société, la section et la municipalité du Mans.

« 2° Je n'ai point attaqué la société ; mais j'ai voulu démasquer quelques intrigants qui l'égaraient. Pourquoi Bazin et autres lui ont-ils fait prendre le parti de Philippeaux contre le comité de Salut public ? Devaient-ils faire signer par la société que Philippeaux était un franc montagnard, *un républicain sans tache*, et huit jours après le traiter de feuillant et de royaliste.

« 3° Je n'ai point menti dans ma réponse à Philippeaux. Je n'ai point fait l'éloge de mon fils ; j'ai dit qu'il avait servi et qu'il sert encore avec honneur la patrie. Ses congés des différents corps où il a servi sont au bureau de la guerre. Ce que me dit Bazin de mes enfants est une horreur qui fera frémir d'indignation : non, mes enfants ne me haïront point, et dans ma vieillesse ils seront ma consolation.

« Tous ceux qui étaient à la salle de spectacle, et surtout Bardou, membre du district, et alors substitut du procureur de la commune, diront que je n'ai point *transigé* avec les officiers de Chartres. On a commencé par jouer l'air *Ça ira*, et les musiciens jouèrent après l'air *Une fièvre brûlante ;* la municipalité voulait qu'on jouât l'air *Ça ira*, et avait décidé que, si l'on demandait un autre air, il serait joué. La société du Mans, dans une adresse à la municipalité, fit le plus grand éloge de ma conduite. Demande cette pièce.

« 4° Lors de l'expulsion du régiment de Chartres, je fus fâché de ce que mes concitoyens n'avaient pas conduit cette affaire avec plus de politique ; ce qui aurait fait plus d'effet.

« Le comité de Salut public, dans son rapport du 25 frimaire, a approuvé ma conduite à Tours et le long de la Loire. Comment Bazin peut-il la blâmer ? Il a voulu, dans la personne d'un député, avilir la représentation nationale, et avoir une occasion de dire que nous étions des despotes.

« Je t'ai envoyé, mon cher collègue, l'extrait du procès-verbal de la séance du 23 des jacobins. Cet extrait est signé du président et de deux secrétaires. Je ne puis t'en envoyer un plus authentique.

« Avec la lettre que Bazin m'a écrite tu peux le convaincre de calomnie. En nous calomniant publiquement, on n'a pas d'autre but que de nous avilir et de nous faire demander les assemblées primaires pour un corps législatif où les intrigants espèrent entrer. Bazin n'a point dit de moi le bien qu'il m'écrit; il a cru se mettre par là à couvert. Roustel, Fréart, Rouillard, Lepaveur, Chevallier, ci-devant vicaire épiscopal, m'ont écrit le contraire. Avec leurs lettres je puis les traduire au tribunal révolutionnaire, lui, Potier, Goyet, etc. Montre de la fermeté, et tu vas être servi par les vrais patriotes tels que Fréart, Roustel, Rouillard, Lebrun et autres. Reçois des dépositions, et bientôt tu auras des preuves. Ce n'est pas de moi dont il s'agit personnellement. Il a parlé en général de la représentation nationale, qu'il a calomniée et avilie. L'acte d'accusation que je t'ai envoyé est d'après les lettres que j'ai en main : j'ai cru qu'il était prudent de vérifier ces faits. A-t-il existé au Mans une conspiration tendant à avilir la représentation nationale? Les témoins t'en donneront la preuve et te feront connaître les auteurs. Ils croient m'épouvanter par leurs menaces. Je ne les crains point. Je n'ai rien à me reprocher. Ils trouveront à qui parler.

« Lorsque tu auras rétabli *un peu* l'esprit public, tu peux, si tu le crois nécessaire, faire donner lecture de la lettre de Bazin; il te sera aisé, d'apres les renseignements que tu auras pris, de le convaincre de calomnie, ce qui lui ôtera bien des partisans. Le dernier rapport de Saint-Just et le décret qui le suit, la proclamation au peuple français doivent juger tous ces intrigants.

« Salut et fraternité. LEVASSEUR. »

« Marat-Cincinnatus Jourdain a lu à la société une lettre de Philippeaux en date du 21 ventôse; il parle de la conspiration, et dit que Levasseur, Vincent, Ronsin, Hébert, etc., sont des personnages équivoques. Il fait entendre que c'est lui seul qui a découvert cette conspiration. Robespierre voudrait bien avoir cette lettre. J'ai remis à Saint Just celle qui m'annonce ces faits. Tu peux forcer Jourdain à t'en donner au moins copie, et prendre à ce sujet des informations. »

Pendant que la missive de Levasseur à Garnier portait à ce dernier les instructions et les renseignements que l'on vient de lire, une députation de la société populaire du Mans était admise à la barre de la Convention, le 7 germinal an II (27 mars 1794); elle félicitait l'assemblée sur ses dernières opérations, le supplice des hébertistes et l'arrestation des dantonistes, particulièrement de Philippeaux. Ce manége avait été sans doute inventé par Bazin pour détourner le coup qui menaçait sa faction. Elle se trouvait alors exposée à des accusations dangereuses de tous les côtés : l'adresse en faveur de Philippeaux pouvait la faire considérer comme alliée aux indulgents ; d'un autre côté, lui, Potier, Jourdain et Boyer étaient bien connus comme athées ; les deux derniers avaient donné des preuves trop mémorables de leurs sentiments en déclamant publiquement contre Dieu du haut de la chaire de la cathédrale en la fête de la déesse Raison. Et cette faction n'avait-elle pas d'ailleurs, comme Hébert et ses compagnons, invoqué des mesures de terreur plus sévères encore que celles employées par le comité de Salut public ; n'avait-elle pas publié que la Convention manquant d'énergie, il fallait, ou la renverser entièrement, ou lui communiquer une nouvelle vigueur par quelque mouvement populaire ? Elle crut donc pouvoir se mettre à l'abri, en se présentant comme victime d'un système d'oppression suivi par les aristocrates contre les vrais patriotes (1).

Nous connaissons par les lettres de Levasseur les accusateurs qui s'étaient élevés contre Bazin et sa faction ; ce n'étaient point assurément des aristocrates, et les plaintes de la société populaire ne pouvaient tromper personne.

Le jour même où cette adresse parvenait à la Convention, Garnier (de Saintes), arrivé enfin au Mans, mettait à exécution le plan que lui avaient tracé les députés de la Sarthe. Il fit arrêter les dix chefs de faction dont voici les noms.

Jacques-Rigomer Bazin, dit Timoléon, âgé de vingt-trois ans, clerc de procureur, né et demeurant au Mans, agent national provisoire du district du Mans ;

P.-A.-H. Potier-Lamorandière, âgé de vingt-trois ans, natif du Mans, ex-maire de cette commune, commissaire des guerres ;

C.-L.-F. Goyet, âgé de vingt-trois ans, natif de Saint-Pierre-de-Vallon, departement de la Sarthe, membre du directoire du département ;

L. Lefaucheux, dit Brutus-Marat, âgé de cinquante-deux ans, natif du Mans, régisseur des boucheries de cette commune ;

R. Guesdon-Dubourg, âgé de trente-quatre ans, natif d'Ambrières, département de la Mayenne, notaire, ensuite juge du tribunal du Mans.

(1) *Moniteur*, 8 germinal an II.

P. Turbat, âgé de vingt-deux ans, natif de la Charité-sur-Loire, employé à la municipalité de Paris, bureau du jury, ensuite secrétaire général du conseil de la commune du Mans;

L.-F. Sallé, âgé de vingt-cinq ans, natif de Nogent-le-Bernard, ex-noble, ancien professeur de philosophie, receveur du timbre extraordinaire du Mans;

J.-A. Jourdain, dit Marat-Cincinnatus, âgé de trente-trois ans, natif de Nogent-le-Rotrou, ex-religieux, prêtre du ci-devant ordre de Cîteaux, sous-chef des bureaux du département de la Sarthe;

F. Delelée, âgé de vingt-cinq ans, natif de Saint-Denis d'Anjou, clerc de procureur, membre de la commission militaire du département de la Sarthe;

M. Boyer, âgé de vingt-six ans, natif de Tours, organiste, instituteur particulier, professeur de rhétorique, officier municipal au Mans.

Le jour même où le représentant du peuple avait fait exécuter cette arrestation, il écrivit à la Convention qu'il avait trouvé le peuple du Mans fortement prononcé pour la liberté; puis il fit adresser par le corps des administrateurs de la commune une lettre à l'Assemblée portant que, dans la société populaire du Mans, des intrigants, sous le masque du patriotisme, cherchaient à avilir la représentation nationale; que l'affreuse conspiration d'Hébert, Ronsin, etc., avait des ramifications jusque dans ce chef-lieu du département de la Sarthe; mais que plusieurs de ces brandons de discorde venaient d'être arrêtés (1).

Un second message, de même date, portait ce qui suit :

« Garnier (de Saintes), représentant du peuple dans le département de la Sarthe et autres, à la Convention nationale.

« Le Mans, 9 germinal, l'an II.

« Je tiens, mes chers collègues, les fils de la conjuration qui était ourdie au Mans, et qui prenait sa source dans celle que vous avez si heureusement découverte.

« J'ai éprouvé hier que les fautes du peuple ne sont jamais que des erreurs. Débarrassé des hommes qui le trompaient, il a reconnu la voix de son représentant; et c'est dans le temple de la Raison que la raison a repris son empire.

« En entrant dans l'assemblée, j'ai été témoin une seconde fois du

(1) *Moniteur*, 14 germinal an II.

silence qui régnait autour de moi ; mais si le premier fut le signal de la prévention et de la défaveur, le second a été l'expression de l'abattement et du repentir.

« J'ai monté à la tribune, et lorsque, passant en revue les principes et la moralité de ces patriotes faux qui avaient séduit la crédulité du peuple, je les lui ai présentés tels qu'il les avait connus lui-même, le prestige tomba ; et quand, m'arrêtant sur son injustice, j'en ai imputé la cause à ceux qui l'avaient méchamment entraîné dans ce faux pas, la joie d'obtenir l'oubli d'une faute arrachée à sa confiance électrisa tous les cœurs ; la sérénité devint générale, et chacun épanchant ses sentiments avec l'effusion de la franchise, les voûtes retentirent des cris longtemps prolongés de : Vive la Convention ! Vive la Montagne ! Périssent tous les traîtres ! Vivent les représentants du peuple !

« Au milieu de la joie, les citoyens, pour honorer la Convention, me conduisirent en triomphe dans les principales rues de la commune ; les chants guerriers, les hymnes chéris de la liberté se firent entendre pendant toute la marche ; et ce jour fut encore une nouvelle victoire remportée sur la tyrannie.

« Je vais me rendre dans peu de jours dans votre sein pour vous dévoiler le nœud de cette trame affreuse, dont les rejetons menaçaient de s'étendre au plus loin ; mais l'œil de la vigilance poursuit les conspirateurs, et je les atteindrai tous.

« Salut et fraternité. *Signé :* Garnier (de Saintes). »

La députation de la Sarthe, qui avait poussé Garnier (de Saintes) à ce coup décisif, pouvait craindre qu'on ne l'accusât d'avoir agi par intérêt pour les administrateurs du département, toujours captifs à Chartres et incertains du sort qui leur était réservé. Ces malheureux, apprenant le triomphe remporté sur le parti d'Hébert, se laissèrent aller à un moment d'espoir, comme tant d'autres en France, comme Danton lui-même et ses amis, qui crurent que la Convention se tournait du côté de l'indulgence, et que les comités, las de verser le sang à flots, allaient tendre à l'établissement d'une forme de gouvernement stable, régulière et fondée à la fois sur la justice et la liberté. Les opprimés ouvrent si volontiers leur cœur à la confiance, que les détenus de Chartres firent une démarche auprès des députés de leur département. Ceux-ci écrivirent à cette occasion la lettre suivante à Garnier. L'original est tout entier de la main de Levasseur ; les trois autres députés se sont contentés d'ajouter leur signature.

Paris, 9 germinal, l'an II de la république une et indivisible.

« Les représentants du peuple, députés de la Sarthe, au citoyen Garnier, de Saintes, leur collègue.

« Les administrateurs détenus à Chartres, notre cher collègue, ont adressé à la députation une pétition tendante à ce qu'ils fussent renvoyés vers toi pour être mis en liberté, si tu ne les jugeais pas coupables. Nous n'avons pas cru que des fonctionnaires dénoncés comme conspirateurs pussent être jugés par un représentant du peuple. Le rapport de Jourdain fait à la société populaire du Mans le 1er ventôse, découvre *une série d'horreurs* dont les membres de la société *n'avaient jamais eu connaissance ;* à plus forte raison la députation de la Sarthe. Nous avons donc pensé que le tribunal révolutionnaire pouvait seul connaître de cette affaire. En conséquence, notre collègue Levasseur, après avoir fait part à la Convention de la pétition des administrateurs, a demandé : 1° le renvoi au comité de sûreté générale pour faire un rapport sur les accusations dirigées contre eux, et les traduire au tribunal révolutionnaire ; 2° que tu sois chargé de faire passer au comité de sûreté générale les pièces à charge et à décharge. Le décret a été rendu ; nous te l'enverrons. Il faut que le glaive de la loi frappe également les fédéralistes et les conspirateurs.

« Salut et fraternité. LEVASSEUR.

« Boutroüe, Lehault, Le Tourneur. »

La marche que les quatre députés voulaient donner à l'affaire ne fut point entièrement adoptée, heureusement pour les captifs. — Un autre projet fut adopté à leur égard, au bout de six à sept semaines ; c'est ce que nous voyons par la lettre suivante (1).

« 26 floréal, l'an II.

LE COMITÉ DE SALUT PUBLIC AU COMITÉ DE SURETÉ GÉNÉRALE.

« Chers collègues,

« Nous vous envoyons une dénonciation contre l'administration du département de la Sarthe, soupçonnée de fédéralisme, de faiblesse dans les mesures révolutionnaires, de mauvaise conduite et de mauvaise intention dans toutes ses opérations.

« Nous vous invitons à la faire arrêter sur-le-champ, et à prendre sur la dénonciation toutes les mesures que vous croirez nécessaires.

« Les membres, etc. *Signé* ROBESPIERRE. »

(1) L'*Amateur d'autographes*, n° 135, p. 220.

Il est évident que Robespierre ne s'était pas donné la peine d'approfondir l'affaire des administrateurs de la Sarthe, car il y avait longtemps qu'ils étaient en prison. Il n'est pas moins évident que ce nouveau projet devait les conduire plus sûrement à la mort que le premier. Il fut écarté, grâce à une nouvelle influence qui survint fort à propos. D'ailleurs, Garnier (de Saintes) se préoccupa beaucoup plus de la conjuration des bazinistes. C'était aussi l'objet qui absorbait l'esprit de Levasseur et ne lui laissait aucun repos. Il était d'ailleurs poussé par plusieurs personnes du Mans, qui cherchaient à secouer le joug d'une tyrannie insupportable, s'appesantissant chaque jour de plus en plus sur tout ce qui n'était pas purement sans-culotte, dans la ville, et même dans tout le pays. C'est ce que Levasseur explique clairement dans une lettre du 30 mars à Garnier.

Paris, le 10 germinal, l'an II de la république une et indivisible.

« Levasseur, représentant du peuple, au citoyen Garnier de Saintes, son collègue.

« Sur la demande, mon cher collègue, de plusieurs patriotes du Mans persécutés par une faction, j'étais allé au comité de Salut public pour l'inviter à t'envoyer au Mans sans délai ; j'avais mis sous ses yeux plusieurs lettres qui parlaient de l'avilissement dans lequel on voulait jeter la représentation nationale au Mans. On fut indigné. Les grands événements qui se sont passés ont fait croire que les factieux du Mans pouvaient tenir à la grande conspiration, et j'ai reçu l'ordre de déposer au comité de sûreté générale les lettres que j'avais produites au comité de Salut public. Dans une de ces lettres le nom des *conjurés* s'y trouve. J'en avais reçu une dans laquelle on me faisait un crime de connaître une conspiration sans la dénoncer. Je n'ai donc fait que mon devoir en déposant au comité de sûreté générale les lettres que j'ai reçues. Je crois bien que le comité aura donné des ordres pour faire arrêter les coupables. Ils répondront à leurs accusateurs.

« L'avilissement de la représentation nationale était à l'ordre du jour chez tous les contre-révolutionnaires, pour nous donner un roi. On tâche de nous rendre méprisables aux yeux du peuple, pour qu'il se prête plus facilement à un changement de gouvernement. Pitt et Cobourg ont partout des agents payés pour nous calomnier; et quelques-uns gagnent bien leur argent en calomniant les députés les plus purs. Demain, mon cher collègue, nous aurons le rapport sur les factions.

Il paraît que l'affaire de Chabot a été différée jusqu'à ce rapport : ce qui fait croire que tous les coupables ne sont pas arrêtés. Les comités de Salut public et de sûreté générale, investis de la confiance de la Convention et de la force des bons citoyens, poursuivront tous les conspirateurs sous quelques formes qu'ils se cachent.

« Salut et fraternité. LEVASSEUR, de la Sarthe. »

Il fallait que la crainte des bazinistes eût troublé étangement l'esprit de Levasseur pour qu'il vît dans ces conjurés des émissaires ou des complices de l'Angleterre et de l'Autriche. Il les avait mieux jugés d'abord en disant que c'étaient des ambitieux qui voulaient renverser la représentation nationale pour s'établir à sa place et faire prévaloir leur odieux système de matérialisme et d'athéisme. C'était bien le même but que poursuivaient Hébert, Ronsin, Vincent, Clootz et leurs affidés ; mais nous ne saurions dire si les conjurés du Mans étaient réellement en relation directe et personnelle avec ceux de Paris ; si leurs mouvements dans le département de la Sarthe étaient combinés avec ceux de la capitale. La chose est très-vraisemblable, quoi qu'en ait écrit Levasseur. C'est aussi ce que soutenaient Garnier (de Saintes) et la municipalité du Mans. Mais à partir de cette date les lettres de Levasseur nous manquent ; nous nous contenterons d'indiquer la fin de cette affaire.

Dans la séance du 15 germinal an II (4 avril 1794) la Convention reçut une députation de la commune du Mans chargée de lui présenter une adresse pour l'assurer de l'attachement inviolable des citoyens qui la composaient envers la représentation nationale (1). A cette occasion Levasseur prit la parole et dit : « Lorsqu'on annonça à la Convention la fermentation qui venait d'éclater au Mans à l'arrivée du représentant du peuple Garnier, je déclarai que les citoyens de cette commune reconnaîtraient bientôt leur erreur ; j'en avais pour garant le caractère excellent de mes concitoyens et la sagesse de notre collègue Garnier. Je ne m'étais pas trompé : les malveillants sont démasqués, et la Convention est maintenant chérie et respectée. »

Le lendemain, Garnier (de Saintes) se présentait à la tribune de la Convention ; il affirmait qu'il avait trouvé dans la Sarthe une ramification de la conspiration qui venait d'être déjouée ; que des hommes couverts d'un manteau hypocrite y poursuivaient les véri-

(1) *Moniteur*, 16 germinal an II.

tables défenseurs du peuple. « Par leurs intrigues, disait-il, ils sont parvenus à faire méconnaître un instant en moi la représentation nationale. J'ai annoncé l'objet de ma mission, j'ai fait sentir la dignité de mon caractère : le peuple a gardé un morne silence ; je lui ai parlé, je lui ai fait entendre le langage de la raison et de la vérité : le bandeau de l'erreur est tombé aussitôt, et il s'est indigné contre des hommes qui avaient voulu lui persuader qu'il n'avait que des ennemis dans la Convention. — Au milieu de ce beau mouvement, les principaux coupables ont été arrêtés ; bientôt tous leurs complices le seront de même.... » Il expose ensuite la doctrine des bazinistes, il affirme qu'ils représentaient tous les députés du département de la Sarthe comme des scélérats, excepté Philippeaux. « Cet homme.... est le moteur des agitations qui ont eu lieu dans ce département. C'est lui qui dirigeait tous les mouvements de l'opinion, c'est lui qui, par sa correspondance, pervertissait l'esprit public.,.. J'ai la preuve écrite qu'on voulait porter le peuple à une insurrection par la disette. Le district de Fresnay était dans une pénurie extrême.... Il y a eu un mouvement ; j'ai fait marcher la force armée, et les espérances des contre-révolutionnaires se sont évanouies. » Garnier attribue ensuite cette conspiration à l'aristocratie, et mêle le nom de Cobourg à ses récriminations. Il fait l'éloge des comités de Salut public et de sûreté générale, et finit par annoncer qu'il a régénéré la société populaire du Mans en l'épurant (1).

Le même jour, Garnier se rendit aux jacobins, et entretint longuement la société de sa mission dans la Sarthe. Il dit que les conspirateurs étaient déjà arrivés au tribunal révolutionnaire et que quatre autres étaient sur le point d'y arriver ; et il ajoute : « Et ils paraîtront sur le théâtre de la guillotine (2). »

Il est évident que Garnier se contredit lui-même ; il avait d'abord présenté la conspiration du Mans comme une émanation du parti d'Hébert ; il la donne maintenant comme se rattachant au parti de Danton et de Philippeaux. Il est vrai que, dans un long rapport daté du 2 germinal, il avait déjà annoncé que la société populaire du Mans contenait « un germe de modérantisme ; » mais il se vantait de l'avoir étouffé (3).

Bientôt de retour au Mans, Garnier convoqua une « assemblée

(1) *Moniteur*, 17 germinal an II.
(2) *Ibidem*, 20 germinal an II.
(3) *Moniteur*, 5 et 6 floréal an II.

générale des citoyens de la commune du Mans, à l'effet de revoir les épurations des fonctionnaires publics opérées sous l'influence des cabaleurs et des intrigants. » Cette réunion eut lieu le 5 floréal (24 avril). Le représentant y recueillit de nombreux applaudissements; il annonça aussi que le travail pour l'épuration de la société populaire était terminé (1). En effet, il installa bientôt après la société ainsi régénérée dans l'église de la Visitation, et invita tout le peuple à s'y rendre assidûment pour s'instruire de ses devoirs.

Garnier crut un moment sa tâche remplie, et il écrivit le 7 floréal à la Convention : « Mes travaux sont finis dans la commune du Mans, mes chers collègues; le peuple est entièrement rallié à la Convention nationale et aux vrais principes; il n'a qu'un seul regret, c'est de voir que ceux qui l'ont trompé ne sont pas encore punis.

« Les autorités constituées et la société populaire sont de nouveau réorganisées. Les intrigants et les modérés voient aujourd'hui par ce travail sévère qu'ils avaient conçu de fausses espérances sur les troubles momentanés de cette commune.... »

Le représentant insista avec toute l'énergie possible pour obtenir la condamnation des dix agitateurs qu'il avait envoyés au tribunal criminel : on lui donna d'abord des espérances; il crut toucher au but qu'il se proposait, et il put dire en pleine séance de la société populaire : « Il est *telle* heure, et en ce moment la tête des intrigants bazinistes est tombée sur l'échafaud. » C'était le 30 avril qu'il faisait entendre ces paroles. Le même jour le tribunal criminel prononçait l'acquittement des dix prévenus. Qui avait obtenu cette sentence ? Un historien, ami particulier de Bazin, a écrit que les accusés avaient trouvé des défenseurs dans la députation du département de la Sarthe, et que telle était la cause de leur salut (2). S'il en est ainsi, nos députés se montraient indulgents, puisque peu de temps auparavant les bazinistes dénonçaient ces représentants aux colères du peuple; ce qui équivalait à demander leur tête.

Quoi qu'il en soit, l'arrêt du tribunal portait : « Ils (les dix prévenus) seront mis en liberté dans les vingt-quatre heures, s'ils ne sont détenus pour autre cause. » Cette cause se présenta, et Bazin et ses suppôts restèrent enfermés dans leur geôle. Il est probable qu'il n'y eut point d'autre motif de cette conduite exceptionnelle à leur égard que la nécessité de rendre la tranquillité au département de la

(1) *Procès-verbal de l'assemblée générale des citoyens de la commune du Mans.* In-4° de 8 pages.

(2) Pesche. *Dictionnaire historique de la Sarthe*, t. I, introduction.

Sarthe, tranquillité complétement incompatible avec leur présence en ces lieux.

Quelques jours seulement après la sentence rendue par le tribunal révolutionnaire, « le conseil général de la commune, le comité de surveillance révolutionnaire et les commandants en chef des quatre bataillons de la garde nationale du Mans » publièrent une adresse à leurs concitoyens pour leur annoncer le sort fait aux agitateurs. « Citoyens, disent les signataires de cette pièce, un système d'oppression s'était développé dans nos murs. La terreur, cette arme salutaire quand elle est sagement dirigée, n'atteignait pas seulement des aristocrates flétris dans l'opinion publique et les ennemis secrets de la révolution, elle s'exerçait encore contre les citoyens paisibles, contre les fidèles observateurs des lois, contre les plus sincères et les plus vrais patriotes ; elle comprimait les autorités constituées, dont le pouvoir légitime rencontrait souvent des obstacles, et dont quelques factieux voulaient régler les mouvements, suivant leurs caprices ou leur intérêt....

« Garnier (de Saintes) a su distinguer les auteurs de nos maux, et, d'une main hardie, il leur a publiquement arraché le masque dont ils se couvraient..... Plusieurs d'entre eux ont été saisis et traduits par ses ordres au tribunal révolutionnaire. Des innocents... ont pu se trouver enveloppés dans cette grande mesure. Mais enfin, depuis ce temps, voyez les bons effets que l'absence des véritables factieux a produits....

« Cependant les accusés n'ont pas été convaincus du crime horrible qui leur était imputé..... Mais, nous vous le demandons, qui d'entre vous oserait, du fond de son cœur, les déclarer entièrement innocents, et les absoudre, au moins indistinctement, du crime d'immoralité ? S'ils étaient revenus triomphants, comme ils l'espéraient, qui pourrait répondre des suites funestes que leur retour aurait peut-être occasionnées ? Pensez-vous qu'ils n'eussent médité aucun projet de vengeance ? Les croyez-vous assez vertueux, assez maîtres d'eux-mêmes et de leurs passions, pour qu'ils n'eussent suscité aucun trouble ?...

« Rendez, citoyens, rendez grâce à la sagesse des comités de Salut public et de sûreté générale, qui les retiennent en état d'arrestation.... »

On lit à la suite de cette adresse : « Aujourd'hui 20 floréal an II de la république française une et indivisible, le peuple, assemblé dans la ci-devant église de la Couture pour fêter le décadi, a unanimement adhéré à l'adresse ci-dessus après lecture faite, et a manifesté, par des acclamations souvent répétées, qu'elle contenait l'expression de sa reconnaissance et de ses sentiments d'attachement à la Convention nationale et aux comités de Salut public et de sûreté générale, pour lui avoir procuré la paix et le bonheur, en retenant en arrestation les prévenus traduits au tribunal révolutionnaire. »

La paix si ardemment désirée était encore loin : à tout moment des agitations éclataient dans la population indigente de la ville du Mans, et tenait la cité dans une inquiétude perpétuelle, comme un navire sur une mer orageuse. Quels étaient les agents de ces troubles ? Garnier entreprit de les faire connaître, et il convoqua pour le 1er messidor (19 juin) une réunion extraordinaire du peuple du Mans dans l'église de la Couture. Le procès-verbal dit qu'il y eut plus de quatorze mille personnes à s'y rendre. Garnier prononça une harangue qui fut fort applaudie ; elle attribuait toute l'agitation du pays aux restes de la faction dirigée par Bazin et ses amis. Quelques jours après, le conseil général de la commune, l'administration du département de la Sarthe, les officiers de la garde nationale au nom de tout le corps assemblé et consulté, le conseil général du district du Mans, le tribunal criminel du département de la Sarthe, les membres du comité de surveillance et révolutionnaire du Mans rédigèrent des procès-verbaux, dans lesquels ils déclarèrent formellement avoir constaté que les troubles survenus dernièrement dans le pays sont excités par Bazin, Potier-Lamorandière, Deleléa et leurs complices ; que, du fond de leur prison, ils ne cessent de tramer de nouveaux complots pour le renversement de la Convention et des comités. L'acte du comité de surveillance est le plus remarquable, en ce qu'il cite les noms des principaux agents de Bazin et de ses amis ; et parmi ces noms figurent ceux de plusieurs femmes du Mans (1).

Armé de toutes ces pièces, Garnier réunit de nouveau le peuple à la Couture, et il fit signer une adresse qui fut portée à la Convention par deux vrais sans-culottes, Juteau et Duchâteau. On y lisait : « Une coalition liberticide a existé dans la société populaire du Mans. Philippeaux en était l'âme et le chef. Il a subi la peine due à son crime ; et ses adhérents vivent encore.... Traduits au tribunal révolutionnaire, ils ont échappé au glaive de la vengeance

(1) *Procès-verbal de la séance extraordinaire du peuple de la commune du Mans, tenue dans l'enceinte de la Couture, le premier messidor, etc.* In-4° de 16 pages.

nationale; mais celui de l'opinion publique les a frappés; et, morts dans le cœur des républicains vertueux, ils ne peuvent plus subsister que dans le supplice du remords et de l'infamie. Du fond de leur prison, ils ont agité les hommes immoraux et méchants qu'ils ont laissés après eux. Depuis le départ de Garnier (de Saintes), les agents de ces conspirateurs avaient conçu de nouvelles espérances, et leur perversité se préparait à les réaliser : déjà l'étincelle du système liberticide menaçait la commune du Mans d'un nouvel embrasement, lorsque Garnier (de Saintes) a reparu..... tout le peuple l'a entouré, croyant voir en lui la Convention entière qui venait le sauver. Il a voulu connaître enfin en quoi consistait cette classe d'hommes qui causait tant d'agitation et de désordre ; il a consulté le peuple dans son entier; tout le peuple en masse s'est rangé autour de lui, et d'une voix unanime nous avons tous déclaré qu'il existait une conspiration perfide contre la liberté; que les Bazin et autres en étaient les principaux agents; que ces êtres ambitieux par orgueil, immoraux par habitude, méchants et vindicatifs par spéculation, avaient entraîné une partie du peuple par des séductions perfides, au lieu de le mener à la vertu par l'exemple et l'instruction ; qu'après eux ils avaient laissé des hommes dignes d'hériter de leurs vices et qui perpétuaient le même système de désorganisation. Qu'ils périssent donc enfin, car si nous nous sommes un moment attendris sur leur sort, ce faux apitoiement a meurtri la liberté.... »

Peu de temps après, la ville du Mans célébra une fête en l'honneur de Garnier (de Saintes), témoignage de reconnaissance pour les services qu'il avait rendus à la commune. Elle eut pour théâtre la place de la Révolution (la place des Jacobins) et consista, comme toutes les fêtes de cette époque, en marches autour de l'arbre de la liberté, en chants patriotiques, en danses, en exercices militaires, en harangues et en illuminations. Le poëte obligé de toutes ces solennités, René-François Chauvin du Ponceau d'Oigny, composa des couplets qui furent chantés avec grand accompagnement d'orchestre.

Un mois n'était pas révolu que la ville du Mans était témoin d'une scène bien différente. Le 18 ou 19 messidor (6 ou 7 juillet 1794), quelques membres de la société populaire, suivis d'une multitude de femmes, envahirent la salle des séances et forcèrent la société de rapporter l'arrêté qu'elle avait pris de rayer de son tableau Bazin, Potier-Lamorandière, Goyet, Delelée, et les autres qui partageaient leur captivité. Le comité de sûreté générale et de surveillance s'émut de cette émeute de femmes ; mais Garnier (de Saintes) ne réussit pas à édifier sur une base aussi mince et aussi peu solide une accusation capitale contre ses adversaires. On exécuta seulement un certain nombre d'arrestations ; plusieurs membres de la société populaire et quelques femmes furent jetés en prison. Ce n'était pas, du reste, dans la ville du Mans seulement que le désordre se manifestait : il fallut rechercher les agitateurs et leurs agents jusque dans les bourgades, et l'on voit par les dépositions des témoins les plus désintéressés et les moins suspects dans quelle classe d'hommes dégradés et infâmes les chefs allaient chercher les bras dont ils avaient besoin pour amener le triomphe du parti des *enragés,* selon le langage cynique de l'époque. Car c'est en vain que Levasseur et Garnier, à sa suite, ont voulu voir dans nos conjurés des émissaires du parti royaliste ; la suite a bien prouvé le contraire.

Quoique trahi par l'événement dans ses espérances, et voyant à tout moment les têtes de ses ennemis qu'il avait espéré saisir lui glisser des mains, Garnier (de Saintes) ne cessa de les poursuivre par de nouvelles attaques. Au commencement de septembre, au moment où les conjurés venaient d'être rendus à la liberté, il écrit de Paris à la société populaire du Mans pour la féliciter sur l'énergie qu'elle fait paraître malgré la liberté accordée aux conspirateurs. Il annonce que ces hommes « méchants par habitude, et criminels par tempérament, finiront par subir le sort que leur préparent leurs nouvelles perfidies... et quoi que puissent faire les malveillants, ils périront sous les efforts de leurs forfaits.

« Je sais, que dans votre cité et dans les communes voisines, la malveillance agite encore les brandons de la désunion ; je sais que le conspirateur Bazin court de district en district ; il faut que vous m'instruisiez de sa conduite, il y aurait de la trahison de ma part de laisser plus longtemps au milieu de vous un être malfaisant et vicieux, qui cherche à désorganiser tout ce que le patriotisme et la fraternité ont réuni.

« Je suis nanti de pièces qui prouveront à la Convention que les méchants sont toujours méchants, et que leur pardonner est les provoquer de nouveau à la malfaisance... »

Le représentant continue en exhortant à lui dénoncer toutes les menées ourdies par Bazin et son parti, afin qu'ils ne puissent nuire plus longtemps à la chose publique et abuser de la liberté qu'ils ont recouvrée dans la réaction thermidorienne.

La société populaire approuva la lettre de Garnier, la fit imprimer et la répandit dans les départements de la Sarthe, de l'Orne et de Loir-et-Cher, où le représentant était en mission.

Les nouvelles dénonciations de Garnier ne produisirent point l'effet qu'il attendait; sa proie lui échappa encore une fois. La révolution du 9 thermidor avait amené la fin de la Terreur et de la dictature; et des coupables en profitèrent comme des innocents. L'esprit public entraîna malgré eux les thermidoriens dans une voie de réparation qui dégénéra quelquefois même en une réaction aveugle. Quelques mois plus tard, le 12 nivôse an III (1er janvier 1795), le conseil général de la commune du Mans, faisant la contre-partie de l'œuvre de Garnier, désavouait les adresses et dénonciations dont nous avons transcrit quelques fragments; il anéantissait un arrêté pris par le représentant du peuple contre les conjurés, par cette considération que le tribunal révolutionnaire et le comité de sûreté générale ayant acquitté Bazin et ses prétendus complices des faits qui leur avaient été imputés, il était utile d'étouffer enfin toutes les causes de division entre les citoyens. Malheureusement le conseil général de la commune du Mans agissait ainsi sous l'inspiration de la peur, plutôt que sous l'impression de la justice et de la clémence.

A peine au bout de cinq mois et demi, un nouveau coup de vent révolutionnaire reportait à la tête de l'administration départementale les magistrats fédéralistes que la Montagne, dans son triomphe, avait renversés et jetés dans les cachots de Chartres. Depuis quelque temps déjà ils avaient été successivement rendus à la liberté; et c'était en vain que Bazin d'un côté, Levasseur et Garnier de l'autre, avaient demandé leur sang à grands cris. Le représentant du peuple Dubois-Dubais, député du Calvados, les rétablit dans le poste d'où le représentant Thirion les avait arrachés. Cette réparation eut lieu le 6 messidor an III (24 juin 1795), et elle fut acclamée par un peuple enthousiaste qui avait déjà applaudi tant de changements successifs.

En réunissant les documents inédits qu'on vient de lire et les notes destinées à les faire comprendre, nous ne nous sommes proposé qu'un but, être utile, dans la faible proportion de nos moyens, à ceux qui étudieront l'histoire de notre pays durant la période si importante de la révolution. Et maintenant, en terminant ce mémoire, nous ne saurions nous défendre d'un sentiment profond de tristesse à la vue de l'abaissement dans lequel le despotisme révolutionnaire avait jeté les caractères. Un groupe de quelques hommes qui n'avaient pour eux que l'énergie sauvage attestée par le nom grossier dont ils avaient l'impudeur de se glorifier, soutenus par une troupe de cent cinquante à deux cents hommes recrutés parmi la plèbe la plus vile, dicte des lois à toute une grande cité, et tient sous le joug ceux mêmes qui avaient reçu autorité pour conduire le pays. Et parmi tant de citoyens qui se vantaient hautement de leur amour généreux de la liberté, aucun n'a le cœur assez haut pour repousser cette indigne tyrannie, pour se refuser aux tristes palinodies dont nous avons eu à déplorer le spectacle.

Fort heureusement à côté de cette abjection morale nous rencontrons les exemples du dévouement le plus généreux, de la grandeur de caractère la plus ferme, de l'héroïsme le plus élevé. Sans prétendre l'emporter sur aucune autre province, le Maine a le droit de se montrer fier du nombre de ses enfants qui ont tout sacrifié, même leur vie, pour maintenir l'intégrité de leur foi religieuse et politique (1). Et ces grandes âmes, dont le nom mérite de passer à la dernière postérité, vous les rencontrez dans tous les rangs de la société : prêtres, nobles, magistrats, bourgeois, artisans, paysans, simples femmes du peuple, et jusqu'à de jeunes filles des champs, tous rivalisent de courage et de fermeté de caractère, lorsqu'il s'agit de défendre ce qui forme la partie la plus intime de leur être : tant il est vrai que l'homme doit être apprécié uniquement par les principes auxquels il s'est attaché.

Abbaye de Solesmes, 12 avril 1867.

DOM PAUL PIOLIN,

Bénédictin de la congrégation de France.

(1) L'auteur de ce mémoire va faire paraître incessamment une histoire de la persécution religieuse dans le diocèse du Mans à la fin du dix-huitième siècle.

PARIS. — L. DE SOYE, IMPRIM., 2, PLACE DU PANTHÉON, 2.

www.ingramcontent.com/pod-product-compliance
Ingram Content Group UK Ltd.
Pitfield, Milton Keynes, MK11 3LW, UK
UKHW022146190726
13855UKWH00004B/1360

9 782013 485203